AF152441

BEI GRIN MACHT SICH IHR WISSEN BEZAHLT

- Wir veröffentlichen Ihre Hausarbeit, Bachelor- und Masterarbeit

- Ihr eigenes eBook und Buch - weltweit in allen wichtigen Shops

- Verdienen Sie an jedem Verkauf

Jetzt bei www.GRIN.com hochladen und kostenlos publizieren

Stanley Braun

Bürokratietheorie: Der Einfluss Max Webers auf die Entwicklung des Kapitalismus und moderne Staaten

GRIN Verlag

Bibliografische Information der Deutschen Nationalbibliothek:

Die Deutsche Bibliothek verzeichnet diese Publikation in der Deutschen National-
bibliografie; detaillierte bibliografische Daten sind im Internet über http://dnb.d-
nb.de/ abrufbar.

Impressum:

Copyright © 2012 GRIN Verlag GmbH
Druck und Bindung: Books on Demand GmbH, Norderstedt Germany
ISBN: 978-3-656-39902-5

Technische Universität Chemnitz

Fakultät für Wirtschaftswissenschaften

V/Ü Sozialwissenschaftliche Grundlagen

WS 2012/ 2013

Essay zum Thema Bürokratietheorie: Wie beeinflusste Max Weber die Entwicklung des
Kapitalismus und moderner Staaten

Stanley Braun

7. Fachsemester BWIWI

Chemnitz, den 25.09.2012

Inhaltsverzeichnis

1. Einleitung

1.1 Problemstellung

Im Zuge der aktuellen Wirtschafts- und Finanzkrise wurde an vielen Stellen die Rolle des Staates kontrovers diskutiert. Dabei gingen die Meinungen von einer radikalen Beschneidung staatlicher Eingriffe und Deregulierung der Märkte, bis hin zu einer Übertragung nationaler Befugnisse an supranationale Regierungsbehörden. Viele Kritiker sehen darin die Auswüchse des modernen, kapitalistischen Staates. Dabei ist die Entwicklung moderner Industriestaaten auch sehr stark mit der Entstehung des Kapitalismus verknüpft. Die Basis entwickelter Industriestaaten bildet eine, der den Staaten und deren hoheitlichen Aufgaben entsprechende Bürokratie. In der Bürokratie liegt sowohl die Kontrolle als auch die Struktur öffentlicher Behörden begründet. Über die Jahre hinweg haben sich verschiedene Autoren mit der Bürokratie beschäftigt und eigene Theorien über ihr Wirken und ihre Funktion aufgestellt.

1.2 Forschungsfrage

Im Rahmen der Übungsveranstaltung wurde die Bürokratietheorie von Max Weber vorgestellt. Ziel dieses Essays ist die Beantwortung der Frage, ob die Webersche Bürokratietheorie aktiv zu der oben beschriebenen Problematik beigetragen hat. Dazu soll im ersten Abschnitt die kurze Vorstellung einiger Kernmerkmale der Theorie Webers folgen. Aufgrund der Kürze des Essays sollen dabei nur wesentliche Merkmale betrachtet werden. Im zweiten Abschnitt soll dann die Brücke geschlagen werden, zwischen der Bürokratietheorie und der Entwicklung moderner Staaten, sowie des Kapitalismus. Ziel soll dabei sein, die Wechselwirkungen von Bürokratie und Kapitalismus herauszuarbeiten. Abschließend soll im dritten Abschnitt eine kurze Beurteilung stattfinden, inwieweit sich das Webersche Bürokratiemodell in westlichen Staaten heute noch wiederfinden lässt, beziehungsweise, ob das Webersche Verständnis überhaupt noch zeitgemäß ist.

2.   Die Bürokratietheorie nach Max Weber

2.1   Merkmale

Max Weber war um eine möglichst objektive Annäherung an das Thema Bürokratie bemüht. Dazu identifizierte er verschiedene Merkmale und Typen der Bürokratie.[1]Dieser Abschnitt widmet sich zuerst den Merkmalen, die Weber herausgearbeitet hat, während im nächsten Abschnitt auf die Dimensionen der Bürokratie eingegangen wird. Die von Weber spezifizierten Merkmale beziehen sich dienen dabei nicht ausschließlich zur Charakterisierung öffentlicher Behörden, sondern können vielmehr als Organisationstypus verstanden werden, der seine Anwendung auch im öffentlichen Sektor finden kann.[2]Er geht davon aus, dass diese Form der Organisation die größtmögliche Effizienz sicherstellt.[3]Weber unterscheidet Personen- und Organisationsmerkmale.[4] Personenmerkmale klassifiziert er dabei als die hinreichenden Bedingungen.[5]Diese charakterisieren die Anforderungen an die Verwaltungsbeamten und sollen somit die Leistungsfähigkeit der Bürokratie sicherstellen.[6]Organisationsmerkmale hingegen bezeichnet Weber als notwendige Bedingungen, die die organisatorische Struktur der Bürokratie sicherstellen sollen.[7]Diese Merkmale lassen sich in sechs Grundprinzipien zusammenfassen.[8]Zu diesen Merkmalen gehört, das die Erteilung von Befehlen, sowie die Zuteilung spezieller Ressourcen klar geregelt ist. Hierarchie innerhalb einer Behörde dient der Festigung von Autoritätsbeziehungen. Weiterhin kann die Organisation nur auf geschriebenen Dokumenten beruhen. Für Manager als auch für Beamte gilt, dass sie in ihren Bereichen Experten sein müssen. Der Verwaltungsangestellte darf neben seiner behördlichen Aufgabe keine Nebentätigkeiten ausführen. Als letztes Prinzip gilt, dass es Regeln gibt, die in ihrer Ausführlichkeit und Dauer

---

[1] Vgl. Derlien, Hans-Ulrich / Böhme, Doris / Heindl, Markus, Bürokratietheorie, Einführung in eine Theorie der Verwaltung, 1. Aufl., Wiesbaden 2011, S. 19.
[2] Vgl. ebenda.
[3] Vgl. Wolf, Joachim, Organisation, Management, Unternehmensführung, Theorien und Kritik, 1. Aufl., Wiesbaden 2003, S. 58.
[4] Vgl. Derlien / Böhme / Heindl 2011, S. 19.
[5] Vgl. Wolf 2003, S. 56.
[6] Vgl. ebenda.
[7] Vgl. ebenda.
[8] Vgl. Kirchler, Erich / Meier-Pesti, Katja / Hofmann, Eva, Menschenbilder in: Kirchler, Erich (Hrsg.), Arbeits- und Organisationspsychologie, 2. Aufl., Wien 2008, S. 17-58, S. 51.

variabel sind.[9]Durch das Zusammenspiel der Merkmale ist nach Weber gewährleistet, dass sich die Bürokratie Synergieeffekte zu Eigen machen kann.[10]

2.2 Dimensionen

Neben den Merkmalen der Bürokratie lassen sich nach Weber auch fünf Dimensionen unterscheiden, die im folgenden Abschnitt beleuchtet werden sollen. Die Dimensionen sind Hierarchie und Autorität, Spezialisierung und Arbeitsteilung, enge Kontrollspannen, starke Zentralisierung und die Rolle beratender Positionen. Mit Hilfe dieser Kriterien lässt sich der Ablauf der Arbeitsprozesse beschreiben.[11]Hierarchie und Autorität beschreibt die Gliederung der bürokratischen Organisation. Dieser Organisation zufolge werden untergeordnete von übergeordneten Einheiten kontrolliert und überwacht. Rechtfertigung erhält diese Ordnung durch schriftlich festgehaltene Regeln. Damit verbunden ist auch die Abgabe von Verantwortung an übergeordnete Stellen.[12]Durch die Spezialisierung der Arbeitsteilung werden entsprechende Tätigkeitsfelder in einfache und standardisiert durchführbare Aufgaben aufgeteilt. Dabei wird angestrebt, die Durchführung so gleichartig wie möglich zu machen.[13]Enge Kontrollspannen beschreibt das Verhältnis der Führungskräfte zu ihren untergeordneten Mitarbeitern. Abteilungen verfügen über wenig Personal, um den Führungskräften maximale Kontrolle zu ermöglichen. Ergänzt wird die Kontrollspanne durch schriftliche Testierung der einzelnen Arbeitsabläufe, an der jede involvierte Person teilhaben muss.[14]Tätigkeiten werden in der bürokratischen Organisation unterteilt in ausführende und entscheidende Positionen. Andere Positionen sind in diesem Modell nicht vorgesehen.[15]Die letzte Dimension beschreibt den Weg bürokratischer Entscheidungen. Entscheidungen und Anweisungen werden zentralisiert von oben nach unten weitergegeben.[16]Die vorangegangen Überlegungen bilden keinesfalls die Realität ab. Das Bürokratiemodell Webers muss vielmehr als Idealtypus verstanden werden.[17]Vielmehr soll auf Basis seiner Überlegungen weitere Bestrebungen in

[9] Vgl. Kirchler / Meier-Pesti / Hofmann 2008, S. 51.
[10] Vgl. Wolf 2003, S. 58.
[11] Vgl. Kirchler / Meier-Pesti / Hofmann 2008, S. 52.
[12] Vgl. ebenda.
[13] Vgl. ebenda.
[14] Vgl. Kirchler / Meier-Pesti / Hofmann 2008, S. 53.
[15] Vgl. ebenda.
[16] Vgl. ebenda.
[17] Vgl. Wolf 2003, S. 59.

diese Richtung vorangetrieben werden.[18]Weber ging jedoch davon aus, dass sich bürokratische Strukturen weiter ausbreiten würden. Er betont dies speziell im Zusammenhang mit den äußeren, kapitalistischen Rahmenbedingungen.[19]

3. Max Weber, Kapitalismus und der moderne Staat

Wie im oberen Abschnitt bereits erwähnt, lässt sich Webers Bürokratietheorie auch als Organisationsform verstehen. Als diese dient sie auch Staatsformen als strukturgebendes Element. Somit wird aus der Bürokratietheorie eine Staatslehre und umgekehrt.[20]Dies ist historisch bedingt durch eine zunehmende Zentralisierung und Rationalisierung staatlicher Macht, beginnend im Mittelalter.[21]Damit verbunden ist auch die Entwicklung von in sich geschlossenen Nationalstaaten und einem größeren inländischen Warenmarkt.[22]Somit wurde die Entstehung der Geldwirtschaft stark begünstigt. Das regelmäßige Eintreiben von Steuern ermöglichte fürstlichen Machthabern die Errichtung abhängiger Heere und bürokratischen Verwaltungsapparate.[23]Für Weber sind die Strukturprinzipien der Bürokratie für dieses Vorhaben am effektivsten, da sie Präzision und Schnelligkeit der auszuführenden Aufgaben sicherstellen, begünstigt durch die oben bereits angesprochenen Faktoren.[24]Das Vorhandensein einer funktionierenden Geldwirtschaft wiederum ist immanent für die Entstehung des Kapitalismus. Weber spricht sogar von einem verwandtschaftlichen Verhältnis von Kapitalismus und Bürokratie.[25]Die Berechenbarkeit der Bürokratie und ihre maschinenartige Funktionsweise gelten dabei als Hauptantriebskräfte.[26]Dazu gehört neben der Verwaltung auch ein berechenbares Rechtswesen.[27]Weiterhin liefert der Staatsapparat Leistungen im Bereich der Infrastruktur, die für die Privatwirtschaft unerlässlich und befördernd sind, beispielsweise Straßen oder ein funktionierendes Telekommunikationsnetz.[28]Die Bürokratie kann dabei der Weiterentwicklung des Kapitalismus dienlich sein, da sie für private Investoren sicher stellt, dass ihren Investitionen eine geregelte Grundlage gegenüber steht.[29]In dieses Bild passt auch das Webersche Demokratieverständnis. Seiner

[18] Vgl. ebenda.
[19] Vgl. ebenda.
[20] Vgl. Anter, Andreas, Max Webers Theorie des modernen Staates, Herkunft, Struktur, Bedeutung, 1. Aufl., Berlin 1995, S. 173.
[21] Vgl. Derlien / Böhme / Heindl 2011, S. 23.
[22] Vgl. Derlien / Böhme / Heindl 2011, S. 45.
[23] Vgl. Derlien / Böhme / Heindl 2011, S. 23.
[24] Vgl. Anter 1995, S. 178.
[25] Vgl. Anter 1995, S. 175.
[26] Vgl. ebenda.
[27] Vgl. ebenda.
[28] Vgl. Derlien / Böhme / Heindl 2011, S. 57.
[29] Vgl. Derlien / Böhme / Heindl 2011, S. 58.

Meinung nach existiert der Wille des Volkes nicht.[30]In seinen Augen ist Demokratie nur ein Werkzeug der Herrschaft über die Massen. Der Wähler hat demnach nur die Möglichkeit den Herrscher auszutauschen.[31]Ein weiterer Punkt seines Demokratieverständnisses ist, dass wichtige Entscheidungen im Endeffekt nur von Einzelpersonen getroffen werden.[32]In seine Vorstellung der Demokratie fällt ebenfalls seine Bürokratietheorie. Für Weber liegt die Macht großer Staaten in den Händen der Bürokratie.[33]Somit ist Demokratie im Weberschen Sinne nur ein weiteres technisches Detail einer großen Maschine.[34]Für Weber sind Demokratie und Bürokratie trotz allem Gegenspieler. Er verweist dabei auf die gestaltende Wirkung der Demokratie auf die Bürokratie.[35]

4. Schlussbetrachtung

Die vorgenommene Betrachtung der Weberschen Bürokratietheorie zeigt das Dilemma aktueller politischer Überlegungen. Auffällig ist dabei, dass Weber von der Entscheidungsgewalt einzelner Personen spricht. Ein Umstand der in den aktuellen Entscheidungsprozessen im Zusammenhang mit europäischen Krisenstaaten besonders ins Auge fällt. Auch das radikale Verständnis von Demokratie spiegelt sich in aktuellen Entscheidungen wieder. Ein Austausch des Regierungsoberhauptes geht selten mit einem grundlegenden Wechsel der machtpolitischen Ausrichtung einher. Hierin erkennt man auch die monarchische Haltung Webers, die er erst spät ablegte.[36]Ein weiterer Punkt, der in der aktuellen Diskussion angeführt wird ist die Privatisierung staatlicher Unternehmen. Man fordert somit einen Abbau Webersche Bürokratiestrukturen. Es ist aber keinesfalls bewiesen, dass die Umwandlung staatlicher Organisationen in private stets der beste Weg ist.[37]Private Unternehmen könnten auf der einen Seite mit der Durchführung staatlicher Aufgaben schlichtweg überfordert sein, eine effiziente und effektive Durchführung ist dann nicht mehr gewährleistet.[38]Was in der aktuellen Diskussion angestrebt wird, ist eine Modifikation Webersche

[30] Vgl. Anter 1995, S. 85.
[31] Vgl. Anter 1995, S. 84.
[32] Vgl. ebenda.
[33] Vgl. Anter 1995, S. 89.
[34] Vgl. Anter 1995, S. 88.
[35] Vgl. Anter 1995, S. 89.
[36] Vgl. Anter 1995, S. 87.
[37] Vgl. Derlien / Böhme / Heindl 2011, S. 30.
[38] Vgl. ebenda.

Überlegungen. Auf der einen Seite Reduktion des bürokratischen Verwaltungsapparates zur Entfaltung kapitalistischer Strukturen. Auf der anderen Seite das Demokratieverständnis des Einzelentscheiders und gegebenenfalls die Übertragung dieses Herrschaftsanspruches an supranationale, nicht demokratisch legitimierte Instanzen.

Literaturverzeichnis

Anter, Andreas, Max Webers Theorie des modernen Staates, Herkunft, Struktur und Bedeutung, 1. Aufl., Berlin 1995.

Derlien, Hans-Ulrich / Böhme, Doris / Heindl, Markus, Bürokratietheorie, Einführung in eine Theorie der Verwaltung, 1. Aufl., Wiesbaden 2011.

Kirchler, Erich/ Meier-Pesti, Katja/ Hofmann, Eva, Menschenbilder, in: Kirchler, Erich (Hrsg.), Arbeits- und Organisationspsychologie, 2. Aufl., Wien 2008, S. 17-58.

Wolf, Joachim, Organisation, Management, Unternehmensführung, Theorien und Kritik, 1. Aufl., Wiesbaden 2003.